AF229350

LA VÉRITÉ

A TOUS LES PARTIS.

PARIS. — IMPRIMERIE ET FONDERIE DE FAIN,

RUE RACINE, N°. 4, PLACE DE L'ODÉON.

LA VÉRITÉ

A TOUS LES PARTIS.

PAR ÉMILE TISSON,

CAPITAINE DE CAVALERIE.

PARIS,

DELAUNAY, LIBRAIRE, PÁLAIS-ROYAL.

1830.

AVANT-PROPOS.

La situation politique de la France intéresse aujourd'hui toutes les classes de la société : personne ne peut plus se renfermer dans un tranquille égoïsme, sans être reconnu hautement pour un mauvais citoyen. Je n'ai point la prétention de dire des choses neuves; dans un ouvrage littéraire l'invention est certes du premier mérite, elle ne saurait trouver place dans un écrit polémique. Il ne s'agit pas de créer des systèmes, de critiquer au hasard ou d'émettre ses idées comme des vérités; nous dirons ce que dit tout le monde, nous essaierons de chercher quelles sont les lois que l'opinion sage, modérée, et par conséquent la majorité, désire et réclame; nous dirons librement notre pensée. Les hommes trop ardens nous blâmeront peut-être ; ils seront injustes : je ne blâme que leur impatience, qu'ils n'accusent pas mes intentions. Ce drapeau de la liberté, aux trois brillantes couleurs, il nous a coûté assez de sang, rallions-nous, Français, autour de cet étendard redouté mais modérons notre ardeur, aimons ce roi que, libre et victorieuse, la nation a élevé à la première royauté de la terre, ce roi plus légitime cent fois par le suffrage du peuple français que tous ces princes que la France a bannis. N'en doutons pas, sachons attendre, et bientôt nous serons riches, puissans, respectés sur toute la terre, et notre prospérité fera le désespoir de tous nos ennemis !.....

L'héroïque révolution qui vient de délivrer la France du joug le plus insupportable qui puisse peser sur une nation, du joug d'une théocratie sans religion, et d'un despotisme sans gloire, ouvre à la France une carrière immense; elle s'est élancée à la tête de la civilisation; l'Angleterre l'a proclamée à jamais glorieuse; tous les hommes éclairés de l'Europe, froissés par le despotisme, font des vœux en notre faveur; ils espèrent qu'un jour libérateur luira aussi pour leur patrie, et qu'en attendant, en présence de la liberté et du bonheur des Français, le despotisme n'osera plus s'écarter avec tant d'audace des principes sages et modérateurs, et fouler aux pieds les peuples et les droits imprescriptibles des nations.

Quand des intérêts ne s'y opposent pas, les choses vraies sont accueillies et approuvées; elles ont, en thèse générale, une telle influence sur le bien-être de la société, que les sommités de cette même société se chargent de les propager. Nous ne sommes plus aux temps des grandes erreurs : l'ignorance perd l'avantage de la popularité ; la petite quantité de ceux qu'on peut tromper se réduit à la masse inévitable des hommes dépourvus d'intelligence. Les fripons ou les hypocrites sont démasqués et flétris; pardonnons à tous, ils ont fait le bien de l'époque, à force de vouloir en faire tout le mal. Les dupes sont très-rares: nous ne parlerons pas des entêtés, ils rentreraient dans la classe d'hommes qui ne peuvent comprendre.

LA VÉRITÉ

A TOUS LES PARTIS.

CHAPITRE PREMIER.

En traitant les questions qui décideront de l'organisation et de la prospérité de tout un peuple, je ne crois pas inutile de le venger de cette petite quantité de Français ennemis, qui renient une gloire qu'ils auraient voulu étouffer dans les ignominies qu'ils nous préparaient, pour répondre aux offensans discours de quelques pairs et de quelques députés qui ont juré, en grimaçant, fidélité à notre roi, pour punir ces hommes qui n'ont pas osé renoncer à leurs places et qui, pâles, tremblans, aux jours de sang et de liberté, n'avaient certes pas ce langage qu'ils ont osé reprendre, quand des torrens de magnanimité se sont échappés des âmes des vainqueurs : il nous suffira de revenir rapidement sur quelques circonstances des jours passés ; la guerre qui renversa Napoléon du trône est assez connue.

Certes ce n'est pas en nous proposant de détruire des idées fausses, que nous irons demander à des sentimens ou à des devoirs la conservation d'un ordre de choses que la force avait produit, que la force écrasait alors ; nous ne méconnaîtrons pas ses effets terribles. L'aigle impérial tomba quand les ailes qui le soutenaient furent meurtries par le fer, emportées par la mitraille. Ce souvenir si récent aurait dû éclairer tous les absolutistes ; mais les absolutistes étaient sûrs de leurs faits : quatre hommes et un caporal par contribuable leur paraissaient la plus noble manière de faire briller la grandeur et la justice de leur roi. Ces hommes, ils avaient oublié l'histoire, ils avaient oublié quelles furent les destinées de cent maisons souveraines dépossédées. Souvent ces grandes catastrophes offrent à l'imagination des scènes intéressantes, à la pitié de nobles malheurs à déplorer ; plus souvent des crimes punis ; peu à peu le temps affaiblit ces impressions et les dernières traces de ces déchiremens s'évanouissent inaperçues de la postérité.

Au 31 mars 1814, la plus grande peut-être de ces révolutions ébranlait l'Europe. Au 31 mars 1814 finissait la guerre que soutenait, contre vingt peuples ligués, la France victorieuse depuis vingt-cinq ans : elle était terminée par un revers terrible, par un revers que personne n'eût osé prédire ; il eût été impossible, si l'ambition d'un simple officier avait pu se borner à la possession du plus vaste empire qui eût pesé sur les nations depuis les Romains, à la gloire militaire la mieux établie depuis César. Cet homme, dont le génie tout puissant luttait avec l'Europe sur les débris de son empire, abdiquait la couronne au milieu de son armée au désespoir. Ses soldats, compagnons de tant de soldats morts en des jours de victoire, étonnés d'un événement qu'ils étaient si loin de prévoir, au bord de l'abîme croyaient encore que la chute était impossible ; ils proclamaient que leur empereur avait été lâchement trahi ; leurs cris menaçans en appelaient à leur vaillance ; après tant de combats ils imploraient de nouveaux combats ; Napoléon, comme Marius, conservait l'espérance dans ce moment suprême. Au milieu d'un immense carré il se faisait apporter ses aigles, il les pressait sur son cœur en invoquant la postérité ; et, laissant au temps le soin de faire germer les souvenirs, il offrait à dessein un grand spectacle.

La France, fatiguée par son cruel despotisme, flottait incertaine entre deux sentimens ; la joie que lui causait sa délivrance se mêlait, dans beaucoup de départemens, au chagrin de la défaite, à la crainte que lui inspiraient un roi et trois princes si long-temps ennemies ; l'étranger, toujours re-

poussé en détail, osant à peine croire qu'il était par-
venu à nous accabler par sa masse, foulait avec
crainte le sol qu'il venait de conquérir. Ce n'est
qu'en frémissant que tant de Français, qui n'avaient
pas pris les armes pendant cette campagne,
voyaient Paris au pouvoir de ces vaincus de Fleu-
rus, de Jemmapes, d'Hoënlinden, de Zurich,
d'Arcole, de Marengo, d'Austerlitz, et de tant de
combats dont les noms remplissent des volumes.
Je n'ai pas l'intention de sacrifier au mauvais goût
qui nous fait exalter nos succès ; l'histoire les a gra-
vés dans ses pages d'airain. En appuyant sur ces
dernières circonstances du règne impérial, je crois
nécessaire de caractériser cette époque, où la
fierté nationale était blessée par la présence de
l'étranger ; une si grave circonstance est impor-
tante à remarquer au moment où un roi si long-
temps banni revenait régner sur le pays. Si la
nation avait été consultée, la chose n'eût pas été
douteuse, on était fatigué du gouvernement impérial, le duc d'Orléans aurait été choisi. Trop
heureuse la France si Philippe Ier. comptait seize
ans de règne, elle compterait seize ans de grandeur et de prospérité ! !

Si Napoléon n'avait eu à combattre que le parti
de Coblentz, le pavillon Marsan et les émigrés,
Napoléon aurait régné, la nation l'aurait suivi
sur le champ de bataille de Waterloo ; Wellington
aurait été trop faible pour oser combattre.

Oui, quand au 20 mars l'armée, trop peu ménagée, trop envahie, proclamait Napoléon, ce ne fut point en secret que, menacé par son redoutable adversaire, Louis XVIII adjurait les Français de se réunir à lui et opposait les libres garanties de son gouvernement aux tyrannies de l'empire. C'est à la tribune nationale, c'est en présence de la France qu'il invoquait la liberté.

Son attente ne fut pas trompée, ses paroles avaient été accueillies. Si les partisans de Napoléon proclamaient hautement que les promesses du roi n'étaient pas sincères, la masse de la France croyait le contraire.

La France, sous les drapeaux du conquérant, ne voyait qu'un insupportable despotisme. Peut-on le nier sans méconnaître la vérité, sans outrager le pays ? Quoi ! si la nation n'avait pas favorisé la cause royale, aurait-elle, lâche spectatrice, laissé envahir son territoire ? Avait-elle oublié qu'elle l'avait si bien défendu pendant vingt-cinq ans ? Avant Waterloo, même après, les Prussiens et les Anglais inspiraient-ils tant de crainte ? Sous les murs de Paris, sans la trahison d'un gouvernement provisoire qui avertissait les alliés, l'armée française aurait répondu seule à ceux qui dénigrent la France ; les derniers événemens de Paris répondent plus énergiquement encore.

Non, qu'on ne s'y trompe pas, j'ai dit que les Français, lassés d'un conquérant héritier des doctrines hautaines de Louis XIV, l'avaient abandonné une première fois ; il est démontré plus encore que la même aversion pour son gouvernement le laissa soutenir avec une poignée de soldats une lutte gigantesque. Sans cela (que les étrangers, que ces hommes qui calomnient leur pays, ne soient pas écoutés!) l'Europe aurait de nouveau appris, en 1815, que la France armée est invincible. En détruisant quelques illusions, je ne ménagerai pas les amours-propres. Les sentimens que la Charte constitutionnelle avait fait naître, les carlistes les avaient attribués à un noble dévouement pour le trône légitime ; ils l'ont répété partout, mille écrits, mille harangues ne contiennent presque que cette phrase.

La vérité ne flatte point, et c'est elle que je recherche ici. Il n'est pas facile de comprendre ces mots de dévouement dans les masses ; j'entendrai que des individus, que des courtisans, des hommes en place, fussent dévoués à un ordre de choses qui leur assurait du pouvoir, de l'or et de l'impunité, sous un gouvernement mauvais ; mais une nation éclairée ne peut être dévouée en masse qu'à des intérêts, et voilà pourquoi elle aime le roi Philippe qui les garantit tous.

En 1814, la France, comparant ses hommes géans, aux pygmées qui venaient l'envahir, croyait à peine à ce comble de maux et d'avilissement.

Si en 1814 quelques chefs avides de faveurs n'avaient pas hésité à fouler aux pieds leurs antécédents, les régimens, les vieux soldats, bouillant encore de l'ardeur des vieux ressentimens, protestaient contre le malheur de leur général.

Ce fut au milieu de ces volcans mal éteints que Louis XVIII, appréciant la gravité des circonstances, donna sa Charte aux Français. Il fallait promptement reconstruire ; les dangers étaient patens, ils pouvaient se présenter sous toutes espèces de formes, malgré les armées ennemies. La modération des confédérés en fournit la preuve. En comparant 1814 à 1815, on verra combien la crainte peut inspirer quelquefois de magnanimité, combien des alliés osent se permettre d'insolence et de trahisons quand ils n'ont à redouter que la honte qui flétrit le parjure.

Rien n'était décidé en 1814 au milieu d'une nation si guerrière. Le moment d'étonnement passé, si l'esprit public s'était prononcé, alors un million de soldats pouvait renforcer les vaillantes phalanges de l'empire ; et il ne faut pas croire que cela ne pouvait pas être, parce que cela n'est pas arrivé. La Charte, cette Charte méconnue, en a été la seule cause à la première et à la seconde invasion, lorsqu'on vit la foi punique de ces alliés d'un roi qui eut la faiblesse de consentir à leurs déprédations et de signer d'indignes traités. Nous aimons à revenir là-dessus pour prouver aux détracteurs de leur patrie, que jamais elle n'aurait courbé sa tète sous le joug des vainqueurs, que jamais l'ennemi n'eût partagé [la France.

Avec cette Charte, comme un talisman magique, Louis XVIII organisa le gouvernement de 1814.

Des hommes aveuglés croiront m'embarrasser en me représentant que ce gouvernement ne dura guère; je dirai qu'il aurait duré sans l'émigration et ses insultes, sans le pavillon Marsan, sans tous ces fous qui voulaient régner pour abrutir tout un peuple, qui les regardait, eux, comme les seuls imbéciles; et cependant un parti considérable s'arma pour défendre la cause royale et entrava l'exécution des projets de Napoléon.

Oui, il faut le reconnaître, l'organisation de 1814 renfermait quelque force, elle prépara un avenir à la monarchie, elle parvint à paralyser l'énergie de celui qui en avait une si forte dose; à la vérité les regrets, les ambitions déçues se montraient encore avant le mois de mars 1815. Mais les partisans de Napoléon trouvaient partout des obstacles; aux brillantes journées de l'empire, on opposait les libertés de la restauration; elle avait promis tout ce qui était bon sous le sceptre impérial, tout, hors le despotisme ; les mécontens, pour attaquer, étaient obligés de nier la sincérité de ces promesses...... Preuve bien certaine que la Charte, dont on ne contestait que la durée, était un immense poids dans la balance en faveur de Louis XVIII. Mais il fallait réprimer, contenir tous ces hommes d'antique race, apportant le ressentiment des souffrances amères de l'exil, la misère avide de l'ancien riche, l'ardent désir de récupérer sur la nouvelle France leurs honneurs et leurs priviléges.

Et cependant ils surnagèrent, leurs ennemis furent seuls engloutis : les causes de ce résultat inattendu furent que la liberté paraissait alors placée sous son égide, le trône constitutionel ; des hommes de parti, ou aveuglés par la passion, me répondront que Wellington et Blucher aidèrent bien à décider la question : non, si Napoléon avait assuré la liberté ; mais Napoléon était l'ennemi acharné de la liberté. La Charte avait rallumé le feu sacré qui brûlait sous la cendre, les idées pures et brillantes de la révolution avaient coloré l'atmosphère politique, la France ne voyait sous le drapeau de Napoléon que l'esclavage à côté de la gloire de l'armée ; et cela est si vrai que l'Autriche et l'Angleterre dévorées du désir de reprendre, l'une l'Alsace, l'autre Dunkerque et quelques ports de mer dans la vieille Guïenne, s'arrêtèrent craignant le réveil de cette France abattue sous l'Europe, mais tombée fière de sa gloire; tombée à Waterloo , comme les trois cents aux Thermopyles, protestant contre son malheur, et prête à se relever pour marcher à l'ennemi.

CHAPITRE II.

Vous tous qui regardez les usurpateurs avec tant de haine, une si sophistique crainte, soyez assurés que la plus effrayante des usurpations serait celle qui déshériterait la race humaine.

Il y a parmi nous un petit nombre de bonnes gens qui pleurent ce qu'ils appellent nos malheurs. La France sage, éclairée, loin d'avoir des regrets, applaudit au gouvernement qu'elle s'est donnée : elle sait que nous n'aurions pas obtenu en vingt-quatre ans les améliorations qu'en un très-petit nombre de jours nous obtiendrons de la royauté nationale et qu'elle même nous donnera, n'ayant d'autre but et d'autre désir que d'améliorer et nos lois et notre système politique. Toutes les améliorations sont décidées; mais, certes, il est impossible de tout faire à la fois; des fautes ont été commises, n'était-il pas au-dessus de la sagesse humaine de renouveler toute une administration sans se tromper sur bien des choix ?

Les fautes seront réparées, et personne ne souhaite plus que le roi que cela soit fait.

Les mauvais choix seront annulés, les hommes de mérite, de talent, se feront jour sous le régime de la liberté ; rien n'empêchera plus le talent et le patriotisme de prendre sa place; elle est marquée! Les premiers rangs leur seront réservés tant que durera notre forme tutélaire de gouvernement. La liberté a vaincu, que l'union règne dans nos innombrables phalanges, sous le même drapeau, auprès du roi des Français; ne pressons pas trop la marche, et nous sommes sûrs d'arriver. Ah! le passé renferme une leçon salutaire. Oui, vous tous, dont les âmes brûlent d'un saint amour pour la patrie, formez vos bataillons autour de l'arche sainte! Cette arche sacrée, si trop de personnes y portaient la main, elle pourrait être mise en pièces; nous l'avons confiée à notre roi; aidons-le à la défendre, à la sauver; tant de revers de fortune, tant d'aveux, de désaveux ont discrédité les prétentions de tous les partis; les défenseurs de la vérité, des intérêts généraux, et d'une sage modération, ont pour eux toute la force de l'opinion. Un petit nombre d'hommes sont encore séduits par l'attrait des idées républicaines. Quelques autres, plus ardens, sous le même drapeau, ont peut-être en vue le succès de leurs intérêts particuliers. C'est aux bons citoyens, c'est au roi à les contenir. Empêchons tous la minorité de s'armer contre la loi, et d'opprimer la majorité, qui seule a le droit, le pouvoir nécessaire pour faire la loi et qui seule lui donne la force immense de la légalité. Que tous ceux qui veulent l'ordre, la liberté, adoptent ces idées conservatrices. Assez de gloire est attachée à nos cocardes, à notre nom glorieux. Qu'on cesse de répéter que nous ne sommes pas certains de la liberté. Qui pourrait nous la ravir? Une poignée d'absolutistes qui ont tout perdu dans la lutte, quelques exaltés qu'on siffle? Quoi! elle pourrait périr cette liberté, avec un roi dont tous les intérêts, jusqu'à celui de sa vie, sont liés avec ceux de son peuple. Le dire, c'est calomnier le roi et cette héroïque nation ? Non, elle ne pourrait succomber que par les fureurs de l'anarchie. Magistrats de ce grand peuple, sachez les contenir, ces ennemis de la majorité; notre route est tracée; sûrs d'arriver, laissons courir seuls les exaltés et les ambitieux, les désappointés; quand ils verront leur petit nombre, ils s'arrêteront, honteux de leur isolement. Certes, les ministres qui les premiers guident le char politique, ont une grande tâche à remplir; la carrière est vaste, mais elle est facile à parcourir. Quelques villes ont montré de l'agitation, quelques régimens ont grimacé l'insurrection, certains membres du clergé et la congrégation conspirent encore; qu'on n'hésite pas à frapper un militaire, un évêque, un curé qui conspirent. Pourquoi ne pas oser punir ? Notre armée sera plus disciplinée, notre religion brillera de plus d'éclat quand elle ne servira plus de prétexte à des séditieux ; les hommes qui ont amené les prêtres à s'engager dans la route de l'ambition, leur ont fait assez de mal ! Les ministres saints ne peuvent être des conspirateurs sans fouler aux pieds tous leurs devoirs ; en les chassant, ces infidèles pasteurs, on ne fera que ramener le clergé vers ses antiques vertus. La bonne religion enseigne l'horreur du mensonge, elle prescrit le maintien de la foi jurée, elle apprend à résister aux tentations mondaines, elle a pour but enfin de former les hommes à la grande lutte de la vie, en les mettant sans cesse en présence des vérités religieuses et morales. La religion chrétienne a un livre qui lui assure de longs jours de prospérité et de gloire, c'est l'Évangile. Magistrats, si quelques prêtres veulent méconnaître ses enseignemens sublimes, ne vous rendez pas les complices du crime en le laissant impuni.....

Non, votre religion n'est pas sainte pour vous, profanateurs qui prétendez en être les appuis ! Malheur à la nouvelle idole que vous voulez entourer des respects des peuples abrutis. En vain, faux dévots, vous endoctriniez la foule de vos imbéciles adorateurs ; non, là où n'est point l'humanité, la tolérance, la charité, l'amour sacré de la patrie, là n'est point la religion chrétienne. Malgré de sanglans sophismes, ceux qui ont désiré obtenir le poing coupé n'ont point défendu le ciel ! misérables ! le Dieu de l'univers a horreur du sang et du meurtre ! Ils n'ont point défendu la société, qui ne peut exercer un droit homicide que pour sa propre conservation, ils ont défendu un intérêt personnel et des projets coupables ! Comme les inquisiteurs, avec des bûchers, ils ont voulu faire trembler les nations ; sous Charles X, comme sous Louis IX, les persécuteurs, fussent - ils des prêtres, des cardinaux, les persécuteurs, ne sont plus des chrétiens.

Restez, restez aux pieds des autels, prêtres saints, qui prêchez la tolérance et ramenez à la vertu par l'autorité de vos exemples. Humbles, vous parlerez aux cœurs. L'éclat du clergé absolutiste les attristait et les éloignait ; comment osaient-ils, ces prélats, parler du néant des pompes de la vie, tout resplendissans de leur plus somptueux éclat, couverts de pourpre, d'azur, de diamans et de riches pierreries. Les apôtres, couverts de haillons, conquirent ces âmes qu'indignaient le faste, l'insolence et l'orgueil des prêtres du paganisme, ces prêtres impurs, comme nos archevêques, revêtus des plus riches tissus.

En présence de cette éternité si redoutable, quel poids peuvent avoir des superfluités qui n'ont que trop de contact avec l'ambition et la volupté, avec tous les vices ? Vous qui êtes les premiers amis de l'infortune, ne craignez-vous pas de la désespérer en offrant, à l'infortuné qui expire sur un lit de misère, un immense et désespérant contraste, celui que l'homme heureux sur la terre présente à l'homme qui n'a de consolation à attendre que du ciel.

C'est une question de bonne foi, elle est jugée; que le gouvernement sévisse, il ne manquera pas de bons prêtres qui, nommés évêques, travailleront avec zèle et patriotisme, et une sainte conviction, à la réconciliation générale sous la bannière de la liberté et du roi des Français.

Le parti-prêtre a voulu faire de la religion un moyen de gouvernement; aujourd'hui il voudrait en faire un moyen de révolution; quoique ce complot ne soit pas bien dangereux, il faut le réprimer.

La conviction n'était pas dans les cœurs de ces hommes qui célébraient plein de joie les saturnales de la ligue; ils croyaient que la ligue pouvait renaître : périsse la conscience! ils étaient assez impies pour adorer une autre divinité aux pieds de celle qui lit et juge dans les cœurs.

La fausse dévotion, imposée par la duchesse de Maintenon, fut la cause de la dissolution des mœurs, après la mort de Louis XIV et sous Louis XV. De tout temps les mêmes corrupteurs, les mêmes ambitieux ont joué les mêmes scènes, et ont fourni les mêmes exemples de turpitude. Nos prélats entreprenaient la même chose avec bien moins de risques; ils ne sacrifiaient que l'honneur, c'était la route de la grandeur, etces hommes étaient vendus à des princes qui croyaient que plus ils auraient de pouvoir, en d'autres termes, que, plus nous serions opprimés, plus ils seraient heureux. La stabilité n'était rien pour ces maîtres nés et immuables des nations.

Insensés! qui se croyaient tout permis par droit de prérogative royale! Insensés qui le faisaient sonner si haut, ce droit abusif, ne prévoyant pas qu'il ne fallait pas tant avancer, de peur d'être forcé de reculer quelque jour; mais la soif d'augmenter leur pouvoir souriait à ces princes qui se disaient les maîtres de leurs sujets. Quoi! pensaient - ils, ce respect pour les ancêtres est-il donc anéanti pour jamais? Ce que faisait Louis XIV, ne pouvons - nous pas nous le permettre? Ne suffit-il pas, pour les faire renaître, ces jours si doux de pouvoir absolu, de rappeler aux peuples que leurs pères ne s'occupaient en rien de ce qui les occupe? On leur a déjà fait observer ingénieusement que l'on vivait fort bien autrefois sans la Charte et la liberté. On leur a recommandé de s'occuper de leur salut, en leur disant avec onction : Que toutes les phrases politiques importent peu quand il s'agit du royaume du ciel. Courage! il est possible de réussir............ Que ne souhaitaient-ils plutôt d'avoir la baguette d'Armide, il eût été plus facile avec elle d'arriver au but si désiré. Il ne fallait pas moins que cette arme magique pour donner une consistance à ces raisonnemens ; ces princes ne s'en repentent peut-être pas encore ; ils ressemblent à ces alchimistes qui se ruinaient en cherchant la richesse , et qui n'avaient qu'un regret , dans leur infortune , c'est de n'avoir plus d'or pour alimenter leurs fourneaux. Et cependant à qui pouvaient-ils persuader que l'esclavage valait mieux que la liberté ? Qui pouvait croire que la loi divine , en ordonnant le pardon des injures , entendait qu'on traînerait à l'échafaud ceux qui repoussaient une religion privilégiée. Un cardinal - ministre , demandant la pieuse loi du sacrilége, établissait qu'on pouvait nous livrer aux jésuites , parce que l'*empereur d'alors* tolérait les pères de la foi ? Napoléon avait aussi des prisons d'état et des commissions militaires. Certes, notre religion n'a pas l'avantage du nombre en Europe , et en agrandissant le cercle , et en faisant des recherches sur les religions de tous les peuples de la terre , on verra qu'elle est bien loin d'avoir pour elle la majorité des opinions ; et , d'ailleurs , qu'importe la majorité, quand il s'agit de l'Éternel, de l'infini , du souffle divin , toutes choses qui sont infinies de grandeur , et qu'il ne nous est pas permis de concevoir.

Qui pouvait croire que, parce qu'on nous avait donné la Charte comme une garantie, il s'en suivait qu'il était permis de la commenter , et d'en conclure qu'on pouvait en extraire le pouvoir absolu ?

S'il est donné au temps d'effacer sans efforts les ouvrages des hommes, ceux-ci ne peuvent rien sur les ouvrages du temps ; en cherchant à l'arrêter, souvent ils précipitent sa course, il ne recule pas.

La question est jugée ; la France sera libre avec la dynastie qu'elle a choisie. Sous ce gouvernement sa chute est impossible ; en vain les apostoliques espèrent la voir flétrie et mutilée ; en vain ils espèrent l'anéantir, et la voir n'offrant, comme l'Espagne, qu'un monceau de ruines où le monarque imposé règne sur la misère, l'opprobre, l'abrutissement d'une nation infortunée.

Si l'orgueil et la conscience des chevaliers français, vainqueurs au 31 mars 1814, ne pouvaient se ployer aux croyances, aux habitudes du reste des Français ; le glaive en main, imposant comme Charles VI, en Flandre, l'obéissance à des bourgeois révoltés, il fallait contraindre les vaincus à renoncer à leurs prétentions, à faire amende honorable à l'église et à leurs seigneurs.

Il est vrai que le char roulait sans obstacles matériels ; mais qu'il fournît ou non une longue carrière, leur génie n'en doutait pas, ces preux l'avaient juré.

Les princes, la cour, les ministres, et les hommes en places, trouvaient amusant d'avoir raison par droit de bon plaisir. Ils trouvaient beau et grand de dire, en présence de la vérité : O mes amis, levez-vous, qu'elle paraisse ici un impudent mensonge ! Mais quel était le but de ces tours de gibecière ? d'anéantir la vérité ? On n'y parviendra jamais. Les bourreaux, les flammes, les volontés des tyrans, la chute des empires, le massacre des peuples, les ravages du temps et de la mort, n'ont rien pu contre elle. Les journées de juillet ont fait justice de ces divagations. Le public est de sang - froid , les exaltés et les absolutistes qui combattent sous le même drapeau , celui de leur ambition , en attendant le jour où ils combattraient pour l'empire, sout jugés et maudits ! La France a prononcé , justice sera faite. Les intérêts de la France en sont le premier garant. Conspirateurs, vous vous croyez à l'abri , derrière je ne sais qu'elles lois ; la première loi pour la société c'est la conservation. La dictature du roi du peuple et de la garde nationale, serait aussi de la liberté contre la tyrannie des anarchistes et des carlistes !

CHAPITRE III.

A ces amis des bons vieux jours , nous deman-
derons s'il n'y avait rien que d'ordinaire en France
quand les fers, les poisons, l'avilissement du
cloître étaient employés pour perdre les princes
infortunés de la première race?

La deuxième n'a-t-elle pas été détrônée par la
troisième? Ces seigneurs qui pillaient le peuple et
étaient pillés à leur tour, ces jours où le meurtre,
la rapine, l'assassinat suivaient l'étendard de
Bourgogne ou la bannière des Armagnacs, quel
nom faut-il leur donner?

Comment désigner ces temps où, non pas un
tribunal révolutionnaire, mais un roi et sa mère,
entourés de princes de l'église, d'évêques, de
ducs, ordonnaient en se jouant les massacres de
la Saint-Barthélemy. Il ne s'en est manqué de
guère que le sang d'un roi n'ait aussi souillé cette
fatale journée : ce qui a été différé n'a pas été
perdu, d'horrible mémoire, contre l'immortel
Henri IV.

Si le passé est tel que nous venons de le dire,
qu'ils se taisent, tous ces perturbateurs : la nation armée est pour vous, défenseurs de la liberté

et du roi, frappez de la pointe les abus et les conspirateurs, quelque forme qu'ait leur armure, vous trouverez dessous des ennemis de leur patrie; et tout un peuple applaudira à votre courage, à votre fermeté.

Une antique oppression ou une vieille barbarie ne peuvent jeter hypothèque sur les lumières et la civilisation. Non, la coutume stupide des ancêtres ne peut plus arrêter dans leur marche les hommes éclairés qui fourmillent parmi nous; ils espéraient, ces chevaliers sans cervelle, qu'à l'aspect d'une vieille poussière, de quelques sophismes morts depuis deux cents ans, la raison s'étonnerait de son audace, et dépouillerait sa tête de sa brillante chevelure pour reprendre les ailes de pigeon et se coiffer à l'oiseau royal; autant valait-il attendre que la terre engloutirait les générations actuelles pour reproduire celles qui ont été dévorées par le néant.

Il n'y a plus d'esclavage du jour où les esclaves sont assez forts pour être libres. Si l'on nous objecte qu'il ne s'agit pas d'esclavage, nous répondrons que tout s'enchaîne graduellement. L'intervalle qui sépare le serf du bourgeois de Louis XV et Louis XVI est immense; celui qui éloigne ce bourgeois du citoyen, sous l'empire de la Charte conquise, n'est pas moins grand; plus le sort du peuple s'est amélioré, moins il est disposé à entrer dans des routes périlleuses et déjà

si funestes, et d'un autre côté des hommes, qui ne sont pas du peuple, murmurent en prenant les intérêts du peuple; ils s'écrient : « Ministres , ducs,
» princes, pairs , magistrats, officiers, prélats,
» prêtres, tous briguent avec ardeur ce précieux
» talisman de la puissance, le peuple n'est - il
» donc pas excusable de chercher à acquérir une
» portion de ce bien si précieux et qui lui ap-
» partient ? »

Non , il ne lui appartient pas d'une manière absolue, et le pouvoir de la masse ne peut être qu'une quantité approximative; les Chambres vont régler avec patriotisme les intérêts de tous. Que les impatiens n'oublient pas qu'il ne leur est pas donné de compromettre les intérêts de la masse et leurs premiers intérêts à eux-mêmes.

L'histoire est remplie de pages qui rappellent des triomphes éphémères qui paraissaient certains jusqu'au jour des revers; le seul moyen de vaincre toutes les oppositions , c'est d'avoir raison. Le seul moyen de prouver son patriotisme aujourd'hui, c'est de chercher à rallier les opinions, d'imiter le peuple, terrible au jour du combat; généreux, magnanime et *pauvre comme la veille*, le lendemain du triomphe. Les principes de la liberté ont triomphé, les événemens héroïques ont étendu le cercle, et ce cercle élastique de nos libertés s'élargira suivant nos progrès; mais en brusquant le mouvement on serait certain de tout faire voler en éclats. La royauté populaire marche avec les intérêts généraux. Attendez pour proférer des plaintes qu'elle s'en écarte : vous n'aurez jamais qu'à bénir.

La France est peuplée de ces hommes qui ont enrichi l'histoire de tant de hauts faits, les opposans se plaignent de l'esprit de modération qui les anime ; la majorité sait qu'il renferme un gage de sûreté, n'oublions pas que c'est une précieuse assurance. Il y a quelque chose dans les souvenirs de vingt-cinq ans de victoires ; il y a plus d'un fatal présage pour ceux qui oseraient nous attaquer. Notre dernière révolution décidera peut-être de la destinée de l'Europe.

Je crois avoir avoir répondu aux détracteurs de mon pays ; je terminerai en répondant à un reproche si souvent adressé à la France, du haut de la tribune, par l'émigration en fureur, par les ennemis de nos succès immortels ; votre gloire, disaient-ils, se réduit à deux invasions honteuses.

Que les hommes qui profèrent ces paroles amères soient assez justes pour ne pas voir des vainqueurs dans ces masses qui accablèrent un empereur impopulaire, une armée de débris.

En 1814, si la lassitude du gouvernement impérial, si la masse des nations réunies pour accabler le reste de nos armées, si l'espoir de la liberté ne suffisent pas pour confondre ces *anti-français*, il reste encore ce moyen de défendre une immortelle cause, en opposant aux deux occupations de Paris, aux batailles perdues, un nombre égal d'occupations de capitales et de grandes batailles gagnées. Il nous restera assez de victoires, de triomphes, de prises de capitales pour que le résultat en question ne soit pas si fatal à notre gloire qu'on voudrait bien le dire.

Enfin, pour nier que Napoléon, usant le despotisme jusqu'à la corde, ne laissa derrière lui à la France étonnée que les idées saines, grandes et pures de la réformation sage et éclairée de la révolution française, il faut être du parti des agitateurs, des anarchistes blancs et rouges. Aujourd'hui la question a du reste tout-à-fait changé.

Un peuple sans expérience préférera les hasards des troubles à une condition même agréable. S'il est éclairé et si on le craint, il est impossible de faire une plus sanglante critique de son gouvernement. Nous n'avons pas à le craindre.

Singulier spectacle. Le gouvernement de Charles X se mouvait au milieu de deux oppositions formées des royalistes et des libéraux, traîné à la remorque par un clergé entreprenant et un peu soutenu par le troupeau fidèle qui broute fort dans les gras pâturages que lui livraient les oppresseurs de la France.

Et cependant, à aucune époque les sociétés humaines n'ont été dans une position analogue à celle où elles se trouvent; on en sera convaincu en jetant un coup d'œil, je ne dirai pas sur l'état de l'Europe, la scène est bien autrement vaste, c'est le monde qu'il faut observer aujourd'hui.

Suivant le pays, on verra la civilisation protégée ou proscrite, vaincue ou triomphante, partout les gouvernemens, *excepté le gouvernement français*, agissant dans un inextricable labyrinthe, aucun fil protecteur ne peut les guider dans leur route, et peu d'entre eux cherchent, par de sages prévisions, à conjurer les périls que renferment les profondeurs de l'avenir.

Le vaste abîme qui nous sépare de l'Amérique est sur le point de ne plus exister. Cet immense continent apparaît dans l'arène politique, et on peut espérer qu'après bien des troubles, les formes des divers gouvernemens de ces vastes pays seront l'expression des idées vraies de la civilisation nouvelle.

L'Allemagne languit dans un sommeil pénible, dont il est difficile de sonder la profondeur et d'apprécier la durée ; mais le réveil peut être terrible.

Le jeune empereur qui avait arraché le sceptre continental à Napoléon, l'a suivi de près dans la tombe. Des cris de liberté ont obscurci une fois le front serein du nouvel empereur sur les rives esclaves de la Newa. A la nouvelle de notre révolution il a pâli encore.

La Grèce honorée, secourue par tous les peuples, atrocement abandonnée par tous les gou-

vernemens, a repoussé les féroces Osmanlis., espérons qu'elle sera libre, assez de sang de mar-
tyrs et de héros aura payé sa liberté.

Le magnifique sultan Mahmoud, si fier de
contempler tant de têtes chrétiennes, orner, il y
a quelques années, les murs de son sérail, ce
vainqueur de tant de janissaires égorgés, se débat
étouffé par le colosse du Nord.

L'Italie ronge, en frémissant de désespoir et de
rage, un frein sans gloire et sans but, sous le joug
de plomb de l'Autriche; elle est privée même du
triste espoir de jouir du bien-être des peuples
conquis, qui finissent par se confondre avec les
conquérans.

L'Espagne, comme un corps expirant, lutte
depuis long - temps contre un mal qui n'a pas
même l'avantage de ne pouvoir empirer. Des
lois de morts menacent toutes les têtes. Leur
gouvernement ne sait trouver que des bourreaux
et des galères d'Afrique pour régir ces infortunés
descendans des Pélage et des Castillans. Et ils
osent nous insulter, nous qui avec dix mille
hommes pourrions livrer Ferdinand aux ennemis
qui lui demanderaient, à leur tour, compte de
tant de têtes; compte de tant de garrottés et de
tant de sang de ces patriotes qui l'avaient épargné. Mais peut-être n'est-il pas besoin de nous :
une foule d'Espagnols généreux, pleins d'espérance et d'un patriotisme poussé jusqu'à la fré-

nésie, s'élanceront résolus de tomber ou de délivrer leur patrie.

La France, au milieu de tant de prétentions et de mécontentemens, occupe une position d'où il lui serait facile de changer la face du monde. Nous pourrions répondre à une atroce agression en donnant la liberté à l'Italie, au Piémont, à tous ceux qui la voudraient. C'est un bien dont les peuples commencent à devenir assez avides; nos soldats invincibles sous les trois couleurs s'écrieraient : Prussiens, peuples, qui que vous soyez, ne versez pas votre sang, fraternisez, brisez vos fers, nous sommes les libérateurs du monde ! L'Angleterre s'est montrée généreuse et magnanime dans ses rapports avec nous; bien qu'elle soit encore engagée dans l'ancien système de l'Europe, qu'elle hésite peut-être à reconnaître que les peuples opprimés ont le droit de combattre leurs oppresseurs ! Mais elle sait aussi qu'en Italie, qu'en Espagne, qu'en Prusse, qu'en Allemagne, quelques bataillons français suffiraient pour opérer une grande révolution. Ces Belges, immortels et sanglans, avec quels transports ne joindraient-ils pas à nos armées leurs escadrons victorieux ! Quels vœux de réunion ne formeraient-ils pas, si la Prusse les attaquait. Malheur aux dynasties qui l'auraient voulu, les peuples sont réveillés ! Tant pis pour les souverains qui ne s'apercevront pas de l'immense pas qu'ont fait les populations; et de quel droit les souverains opprimeraient-ils ces Belges qui voulaient rester Français? ces Belges que le congrès de Vienne fit Hollandais d'un trait de plume, et sans les consulter : comme ces Romains, tyrans de la terre, qui, partout où ils portaient leurs armes, apportaient aussi l'esclavage et les proconsuls. Si Napoléon avait vaincu, ces guerriers belges, dont le prince d'Orange vante le courage, il les aurait trouvés le lendemain plus vaillans sous les aigles, que lorsqu'ils livraient à leurs frères d'armes de la veille un parricide combat à Waterloo........ Waterloo! nom qu'un soldat français prononce en frémissant! ton souvenir produira des héros, jour qui sera vengé le jour où nos escadrons s'élanceront contre un ennemi quels que soient son nom et sa couleur? Si nos drapeaux ont été traînés dans la fange ensanglantée, ils flotteront à leur tour, brillans de victoire, près des drapeaux vaincus. Mais aurons-nous à combattre les peuples? Ne s'élanceraient-ils pas au-devant d'une armée libératrice? Les peuples connaissent leurs droits. De quel droit un baron, un maître avait-il des serfs, des vassaux et des paysans? du droit de de la force. La force brisée, que reste-t-il? le droit. Le droit est au peuple; ce droit, il est imprescriptible; il n'y a de vrai gouvernement que celui qui émane du peuple. Dira-t-on que cette théorie ouvre la porte à toutes les séditions, on dira une sottise.

Le gouvernement de la majorité, les lois, empêcheront les séditions; car ce que veut la masse est toujours la conservation ; et une nation organisée, éclairée, sait très-bien que de même que chacun n'a pas reçu en partage les qualités de l'esprit, le courage de l'âme, le génie des grands hommes, dans l'ordre intellectuel ; de même, dans l'ordre matériel, chacun doit posséder la fortune qu'il a acquise, la place que l'état lui a confiée, et chacun doit en jouir paisiblement. Où est la garantie? Dans les lois, je le répète, dans les lois qu'un roi populaire, qu'une chambre éclairée vont nous donner, gouvernement sublime où est la véritable liberté possible ; car elle ne serait pas dans une république qui ne peut exister que dans des sociétés telles qu'il est impossible qu'il s'en forme jamais en Europe. Les vastes régions de l'Amérique où l'immensité des possessions empêche le frottement, réussiront peut-être à fonder des républiques jusques au jour où la civilisation sera plus répandue et le pays plus peuplé. Quant à nous la république eût été aussi intolérable aujourd'hui, qu'elle le fut lorsque chacun à force de liberté finit par avoir son tyran à sa porte.

Effrayante pensée! Ce qui est juste et vrai dans la patrie de Washington, est un crime sur tous les rivages d'Europe. Les vérités de Londres, de Paris, excitent une fureur qui ne peut s'éteindre que dans le sang ; dans les états du roi d'Espagne et du père de tous les fidèles, elles font naître une haine que des lois arbitraires servent fructueusement. Dans toutes les vieilles monarchies, cependant, les peuples savent leur compte et calculer leurs ressources, et l'on voudrait, avec ces peuples en fureur, continuer l'oppression! Venir nous demander, à nous! à trente-quatre millions de Français, tous armés, pourquoi nous avons choisi un roi qui nous aime, qui nous a promis de nous aimer? Pourquoi nous avons préféré le roi du peuple, au roi qui nous avait octroyé des droits équivoques pour passer tout le temps de son règne à conspirer contre cet octroi dédaigneux? Oui, nous avons préféré le roi Philippe, [décoré du nom de populaire, nom mille fois plus grand que celui de tous les empereurs, que celui de tous les princes de la terre..... César, Auguste, titres consacrés par la servilité aux jours de l'esclavage du monde, non, vous ne valez pas ces mots plus simples et plus purs, le roi des Français, le roi, le compagnon des travaux et de la gloire d'une grande nation. Que l'étranger respecte notre libre monarchie, cette terre de liberté ; ces flots de lumières resplendissant sur ce sol où ils pourraient couler comme la lave brûlante, sur le sol ébranlé et miné du despotisme des rois absolus.

Ce roi, nos ennemis demandent pourquoi nous l'avons préféré aux princes entourés d'une poignée d'ambitieux ? pourquoi nous l'avons préféré à un enfant qui n'aurait vécu que pour régner entouré des ennemis de la France ?

Vous, qui nous demandez compte de notre conduite et de nos opinions, prenez garde qu'à votre tour on ne vous demande compte de votre manque de patriotisme et de vos complots. L'ancien système est mort. Dans peu de temps nous réglerons notre arriéré du congrés de Vienne. Les digues, les remparts, les forteresses des oppresseurs de l'Europe sont déjà bloqués par les masses des opposans qui les entourent, et ces maîtres couronnés proclament encore qu'ils sont forcés de rester absolus par amour pour le peuple, par respect pour les saintes vertus. Dans un autre âge, les hommes, assez instruits pour observer les hautes combinaisons de la politique, savaient qu'ils ne découvriraient que des crimes ou des fraudes utiles. Depuis l'ère nouvelle qui date, pour l'Europe, de la chute de l'empire français, on parlait si hautement de baser toutes les transactions sur le bonheur général ; en d'autres termes, sur la justice ou le droit, que chacun avait très-fort compté là-dessus. Malgré toute la stupide fantasmagorie qu'employaient, ceux qui voulaient repétrir la majorité, et substituer les intérêts absolutistes aux intérêts de la patrie, la question était jugée.

Des flots de lumières se répandent de toutes parts au milieu des masses de ce peuple le plus éclairé du monde, malgré ce que disent quelques savans, quelques hommes à classifications, à systèmes. Il n'est plus permis à aucun parti de substituer ses intérêts privés aux intérêts généraux. La presse aux cent yeux, aux mille moyens, veille, arrache le masque; le manque de patriotisme reste séparé de toute allégation ; que le même parti se pare d'un manteau libéral ou philosophique, d'un voile de dévotion ou de prud'homie, personne n'est dupe, et les complots, les principes faux sont punis ou sifflés. Nous croyons n'avoir pas besoin de combattre ceux qui voudraient triompher de leurs concitoyens, qui, pour exalter leur mérite, dénigrent et calomnient leurs ennemis personnels. Haine au jour du combat ? oubli, amitié sainte au jour de la victoire. Le despotisme est sanguinaire et sombre ; que la liberté soit clémente et sainte. Nous ne voulons pas, aucun bon Français neveut que la France soit partagée en deux camps ; amis de la patrie, que le roi Philippe soit le chef de la nation, le roi de tous ! Nous ne verrons pas deux tribus en France. La majorité l'empêchera. La France n'est plus destinée à subir la folie d'un parti. En voyant les apostoliques repousser les idées saines et généreuses comme prêtes à reproduire d'horribles forfaits, qu'on se rappelle que nous avons assez crié que les crimes de quelques hommes ne pouvaient porter atteinte aux principes. Rendons le bien pour le mal ; nous sommes assez forts pour être généreux. Cette clémence sublime du peuple est une règle de conduite pour tous ; elle est aussi politique que magnanime. Couvrons la liberté de nos armes et de fleurs. Au jour des périls de la patrie, les armes françaises n'ont jamais manqué de sang ennemi, qu'elles n'arrosent plus du sang de frères le sein de la mère de tous.

CHAPITRE IV.

La nation a vaincu, nous croyons avoir prouvé que pour recueillir les fruits de la victoire elle a besoin d'union et de confiance. En soupçonnant toujours, dirai-je à ceux qui sont toujours à noircir l'avenir, à entourer le présent de sinistres présages, en soupçonnant toujours, à force de douter de tout le monde, on finirait par donner, à tout le monde, le droit de douter de soi ; et lorsque l'on a contre son opinion l'opinion de tout le monde, on a évidemment tort en politique.

Avec ces continuelles déclamations où n'arriverait-on pas ? Fuyons les douceurs du toit paternel, car il peut s'écrouler sur nos têtes, les alimens qui nous donnent la vie peuvent se changer en poisons, l'air que nous respirons peut aussi vicier nos poumons dans nos poitrines. Non, ce serait trop de soins, la liberté conquise en trois journées qui étonneront la postérité, qui sont des engagemens d'héroïsme, que certes la nation ne répudiera pas, ont ouvert une étincelante carrière, élançons-nous avec confiance.

Nous entrerons le premier des peuples dans la terre promise ? Pourquoi n'embrasserions-

nous pas avec ardeur ces heureuses espérances?.
Il serait triste, en voyant dans l'histoire se
succéder éternellement tant de calamités, de
penser que tel est le cours inévitable des choses
humaines. Il est plus consolant de croire que, de
même que la terre sans culture produit des
monstres et des poisons, l'absence de la civilisation a été la source de tous les désordres. C'est
une raison pour qu'il soit certain que la liberté
légale peut les empêcher. Le système qui régit le
monde jusqu'à présent n'est connu que par des
malheurs, des forfaits innombrables. Le système
qu'il s'agit d'établir est bien nouveau ; il serait sou-
verainement injuste de le juger par les commo-
tions qui ont eu lieu à son apparition. Accueilli
d'abord et repoussé ensuite par les hautes classes,
vainqueur après avoir été sur le point d'être détruit, devenu barbare parce qu'il avait été près
d'être victime, quelques hommes ont souillé de
sang le sein chaste et les mains pures de la liberté;
mais cela ne prouvait pas qu'il fallait proscrire
les vérités immortelles. Comment ne pas se four-
voyer dans cette guerre que le présent livrait au
passé? Je suis bien loin de chercher à justifier le
crime par le crime; mais si l'émigration était ren-
trée en armes dans Paris en 1793, même avant la
mort du roi, les têtes des républicains auraient
fort risqué de remplacer celles des royalistes. Ces
derniers, et beaucoup d'autres, sont tombés en

grande partie sous les coups de quelques hommes féroces qui ordonnaient des meurtres exécrés par les peuples , désavoués par les lois. Les républicains, s'ils avaient succombé, auraient été punis de mort solennellement, froidement, légitimement, au nom des lois du royaume. C'est une triste vérité qui ne justifie aucun de ceux qui ont tant nui à une si juste cause, mais qui n'ont pas pu la perdre, parce que, entre des êtres et des principes vrais, il ne peut y avoir aucune solidarité en ce sens. Un homme foule un instant la terre, la plus mince vérité durera autant que le monde.

Nous avons vu la chambre des communes composée de tous les débris des corps aristocratiques, et en 1815 tous les intérêts de la France nouvelle défendus avec une bonté magnagnime par toute l'émigration; cette défense valait bien une attaque.

Nous voyons encore durer une comique et étrange fièvre d'usurper des noms qui s'était emparée de tous ces hommes d'un certain bord : peut-être ceux qui les ont pris ne seraient-ils pas fâchés d'une loi qui les débarrasserait aujourd'hui de l'obligation de mentir. Celui-ci obtint la permission de changer deux ou trois syllabes à son nom, et celui-là les changea sans permission, ou ajouta trois consonnes; un autre bravait l'humiliation des antichambres pour en soustraire une voyelle; il en est qui abdiquaient le nom de leur père pour y substituer le

nom de leur grand'mère; à l'aide d'une certaine
obscurité , d'une certaine dépense , quelques autres arrivaient au bienheureux nom de terre, et
avaient la satisfaction de répudier et de faire
disparaître celui d'une famille souvent honorable. Paul usurpait l'apostrophe pendant que
Pierre se débaptisait. Il était pardonnable sous
Charles X, si l'on voulait suivre une carrière,
d'être fripon innocemment pour ne pas être dupe,
quand on restait dans les hommes sans nom.

A la restauration , une foule d'individus avaient
profité de la confusion pour en usurper d'autres ;
une foule de bons bourgeois, transfuges des rangs
où se trouvaient la raison et leur intérêt, avaient
vidé leur coffre-fort pour s'agréger à la noblesse :
véritable folie ! comme s'il était possible, près de
tant de vérités, de rétablir la savonnette fameuse.

Il valait mieux être vilain sans savonnette, que
de sacrifier ce que les hommes doivent le plus
respecter , l'honneur de famille ; et si le fils d'un
anobli vaut mieux que son père, le respect imposé par la nature et la loi éprouve une grave
atteinte ; une famille entière n'aura pas trop sujet
de se réjouir en comparant son infériorité à l'élé-
vation d'un de ses enfans. La jeune et jolie mar-
quise du comte de Saint-Alvar trouvait sa mère
et son père, M. Guimoux, terriblement bourgeois!
pendant que la duchesse de Valentinois, sa belle-
mère, trouvait qu'il était bien dégoûtant de s'en-

canailler; et voilà ce que recherchaient des pères de famille, et une masse de bon bourgeois qui nous auront obligation de leur sagesse tardive.

Ce que je viens de dire, parce que je le crois vrai, ne doit pas nous rendre injustes. Tous ceux qui portent un nom français ne refuseront pas de payer un tribut d'affection aux descendans de ces hommes qui ont ennobli les annales de leur patrie, en immortalisant leurs noms. Le vandalisme seul pourrait s'y opposer; mais un titre à la considération est loin de pouvoir en devenir un à la supériorité. S'il est de toute équité d'accorder cette bienveillance de souvenir à une classe, il l'est aussi de rire de l'égoïsme et de la sottise de quelques hommes qui osaient montrer des prétentions et une hauteur à jamais anéanties.

Les travers d'un courtisan de l'OEil-de-Bœuf n'appartiennent qu'aux mœurs de son temps; les travers d'un courtisan de nos jours étaient beaucoup plus condamnables, parce qu'ils attestaient l'oubli de tous les devoirs imposés par la patrie et créés par le gouvernement constitutionnel. Autrefois la noblesse avait des priviléges de droit; aujourd'hui nous avons vu qu'elle en avait de fait : elle remplissait la plus grande partie des places dans l'état. Ces priviléges individuels formaient bien un pouvoir politique. En l'additionnant, on verra combien il se combinait avantageusement avec les lois que l'on voulait nous donner. Si ces influences

avaient été maintenues, cela rendrait bien difficile la question d'établir sur des bases solides les
institutions que réclamait la France ; mais le grand
peuple et le 29 juillet étaient là.

Quel plus éclatant hommage rendu à ce que
j'avance, que ce qui s'est passé au commencement
de la révolution, où toutes les classes se passion-
naient pour la liberté, même celles qui avaient
le plus à perdre par le nivellement. Elles ont
aimé en théorie ce qui était grand, juste, noble.
C'est un beau triomphe pour la vérité. Si l'on
est revenu plus tard à des opinions contraires,
c'est quand le fait est venu armer l'intérêt personnel contre les élans de l'âme. Il n'y a pas
autre chose dans les plus éclatantes conversions
politiques. Si l'on pouvait faire parler quelques-
uns de ces hommes qui ont fait abjuration, ils
nous diraient, s'ils osaient être vrais ou s'ils se
rendaient exactement compte des modifications
de leurs pensées : J'étais épris de la liberté, parce
que c'est une fort bonne chose ; mais la liberté
m'a ravi un comté, un marquisat, donc j'étais
dans l'erreur. L'histoire, en jugeant ces grands
faits, tiendra compte de l'exaltation que dut
produire parmi le peuple l'émigration, la lutte
des royalistes et des républicains, la faiblesse du
malheureux Louis XVI, les intrigues de ceux
qui l'entouraient, l'attaque et les manifestes de
l'étranger, les fautes que commirent les réforma-

teurs, la nécessité peut-être de briser les grandes fortunes, toutes les passions déchaînées contre une vieille tyrannie. Mais les apostoliques n'ont pu conclure de là que la liberté ne pouvait mener qu'au crime. Autant vaut cet argument que celui d'un homme échappé aux tortures de l'inquisition, qui conclurait de ses meurtrissures qu'il n'existe point de Dieu.

Si on admet que l'arbitraire, les injustices, l'impôt forcé, la dilapidation, la tyrannie, l'absurde, soulèvent justement les peuples; des lois tutélaires, dans l'intérêt de tous, des lois d'amélioration, un roi, le premier des citoyens, passionné pour la gloire et la prospérité de son pays, entouré d'une famille nombreuse, entouré de fils, l'espoir glorieux, brillant, et bien cher de la patrie, tant d'hommes illustres, une armée de quinze cent mille gardes nationales, les lumières et le patriotisme : toutes ces forces repoussent les absolutistes, les anarchistes. Que les lois frappent ces exécrables perturbateurs, ces éternels artisans de nos maux, la France les maudit, la garde nationale les écraserait. Tous les honnêtes gens, qui n'ont été qu'abusés, se rallieront sous ce même étendard de la liberté, qui ne veut plus être une vierge sanglante. On se résignera à subir la nécessité d'établir l'égalité légale, à prendre la place marquée pour chacun dans le cadre immense de la société. Dans un gouvernement comme le nôtre, les hommes de talent et de capacité seront les premiers dans toutes les carrières. Les priviléges sont anéantis; on s'est assez écrié que sans noblesse, sans hommes ti-trés, nous arriverions à la loi graire. Je suis loin de vouloir arriver à l'égalité absolue, elle est im-possible. L'homme sans intelligence n'est pas l'é-gal de l'homme de génie; le pauvre qui souf-fre, qui sert, qui travaille, et gagne, à la sueur de son front, une nourriture qui soulèverait l'estomac du riche, n'a pas la prétention d'être l'égal de celui qui le fait travailler et le paie exactement. Les gens titrés ne sont, vis-à-vis d'aucune classe, dans une position bien différente de ceux qui ne le sont pas.

Le despotisme seul, opposant la gloire à la haine, à la honte de nos fers l'éclat du nom français, pouvait exhumer de la tombe toutes ces vieilles prétentions féodales; on les sifflait, et même on les haïssait; quand Napoléon, par un bizarre contraste, sous un gouvernement qui égalisait toutes les épées, qui nivelait tous les droits, établit des distinctions, qui le dépopula-risèrent.

Dira-t-on que tout le monde veut de l'égalité jusqu'à sa hauteur, et que nul ne veut être l'égal de celui qui est au-dessous de lui? On rentre dans mes idées; car, en laissant faire l'opinion, elle classera chacun; c'est un puissant nivellement. Si même à l'instant l'abus que je signale était détruit, je pense très-fort que chacun aurait à peu près la même position dans la société. Le gouvernement y gagnerait de n'être plus engagé à sacrifier la dignité de tous aux vanités de quelques-uns. L'ordre politique y gagnerait; car enfin, il ne peut y avoir, hors la chambre des pairs, une autre aristocratie. La part que fait la Charte à la démocratie est et va devenir trop grande pour que la chose vaille la peine qu'on s'en occupe; mais il ne serait pas mal qu'une loi de la chambre brisât toutes ces coteries de province qui, se concentrant dans elles-mêmes, dans une *noblionnerie* souvent douteuse, font de l'opposition ardente contre le gouvernement, par système et par égard pour le nom ou le titre que beaucoup d'entre eux ont souvent usurpé et pris *menteusement*. Du reste, les rentiers, les familles anciennes même, avant tout les familles nobles, qui possèdent assez de richesses pour recruter nos députés, ne peuvent être qu'accidentellement séparés de la masse, dont ils forment la partie influente, la véritable aristocratie, et il en faut une dans l'état. L'essence, le but de l'esprit aristocratique, seulement sera différent, et aura pour objet, non plus l'intérêt personnel, mais le noble soin de la conservation de l'ordre, l'opposition aux principes anarchiques, que repousse notre civilisation, qu'émettent des novateurs qui ne seraient pas fâchés de régir l'état, et de se donner, au milieu des réformes, une riche, bonne et excellente place.

Nous avons vu un parti mourir sans pouvoir défendre la liberté, et jeté sanglant dans l'abîme par des hommes de sang, devenus détestables tyrans. Nous venons de voir un autre parti parcourir, avec une folle audace, une carrière entourée de précipices, vouloir remplir le tonneau des Danaïdes, livrer le combat des géans; mais aussi à l'heure des périls se hâter de mettre leurs petites tailles à l'abri des suites de leurs entreprises criminelles, et fuir convaincus d'avoir voulu suivre la même route que ces hommes féroces de nos jours de terreur.

Et maintenant il est démontré, pour tout ami de son pays, qu'il faut empêcher un troisième parti de commettre un parricide, en immolant ses principes à qui il doit la liberté. Ces hommes qui nous ont délivré de la tyrannie, noms que la France honore, révère, une poignée d'hommes ardens voudraient les flétrir! Non. Une masse innombrable saura les contenir. Rien n'est plus ingrat que les hommes de partis; mais aucun peuple n'est plus éclairé que la grande nation.

Sans aller avec Rousseau chercher les causes de l'inégalité parmi les hommes, il est cependant certain que les sociétés ont eu un commencement et que les théories superbes qui font ré-

gner par la grâce de Dieu, d'échelon en échelon, remontent à quelques sauvages, ou à des
chefs de tribus nomades.

Les annales des anciens jours ne nous montrent
que d'horribles bouleversemens : en Égypte, en
Grèce, à Rome, dans le Bas-Empire où une dynastie ne durait que le temps nécessaire pour
brûler les yeux de l'empereur et ceux de toute
la famille impériale.

La France a eu sa bonne part de malheurs,
de crimes, de sanglantes représailles, quand le
char politique errait au hasard, guidé par la
main capricieuse, inhabile, voluptueuse de ses
maîtres, de leurs favoris et des maîtresses de tous.
En 89, de précieuses vérités, long-temps soup-
çonnées par quelques grands hommes, apparurent
tout à coup, jetèrent sur la scène des flots d'une
lumière impérissable; il n'est plus possible d'é-
touffer sur ce sol fécondé les fruits que ces feux
régénérateurs ont fait mûrir. Pendant nos quinze
ans de lutte, ces vérités proscrites, elles avoient
un asile au fond de presque toutes les âmes généreuses et éclairées.

Si, comme la cour et ses affidés aimaient à le
proclamer, les Français étaient *ingouvernables*,
il valait mieux s'éloigner que d'exciter leur haine
par de mauvais traitemens et par des insultes,
que de déchaîner contre eux des jésuites, des
journaux vendus, d'infâmes, d'atroces incen-

diaires. Où il y a malaise universel, antipathie irréconciliable, il y a danger : entre les deux partis qui luttaient en France, il fallait que l'un dormît toujours pour que l'autre pût vaincre. Au réveil des peuples il n'y avait jamais rien de fait. Ce n'était pas trop de tout le génie ministériel appliqué à augmenter la popularité de la couronne pour faire réussir le principe aristocratique, les prétentions de la petite, de la fausse et de la haute noblesse avec l'ordre établi, avec les idées saines du reste de la nation; les élémens de discorde furent centuplés par la désastreuse création du parti religieux.

Avec quelle audace l'étendard de la révolte n'a-t-il pas été arboré dans le camp féodal, dans le camp des chevaliers, non pas comme Bayard, sans peur et sans reproche; Bayard, une fois à cheval, armé ou sans armure, combattait de la lance et de sa large épée : eux, pleins d'espoir dans la bravoure des autres, ils laissaient dormir leurs glaives étincelans dans leurs riches fourreaux, et pourtant ils osaient proclamer sainte une cause sanglante, ils croyaient pouvoir tout oser, comptant sur la lâcheté du peuple, sur une armée qui n'était plus à eux; ils espéraient vivre et tuer gaiement sous l'abri de ce rempart de fer; il aurait fait bon *festoyer*, deviser, chanter, chasser et *despotiser*, en tyrans joyeux, au milieu des glaives et des baïonnettes :

sans héroïsme à la vérité, mais on en avait à re-vendre, et à bon marché. Le surnom de héros vibrait avec énergie dans tous leurs bons journaux payés. Mais la nation ni l'armée n'étaient pas pour eux, et même des régimens de leur garde : dans le 2e. des cuirassies de la garde royale, lors de la guerre d'Espagne, des officiers s'écrièrent, dans une réunion particulière, que si l'armée arborait la cocarde tricolore, les cuirassiers pouvaient en attacher une à leur cimier ; et, parmi les troupes de cette garde, engagées si imprudemment, et qui, le cœur navré, saignant de douleur, se sont trouvées troublées, éperdues, au désespoir, devant un peuple libre héroïque combattant pour sa liberté, la masse des soldats, des officiers, était du même parti que ceux qu'on les forçait à combattre.

L'armée n'est pas, ne peut être étrangère au pays. Tout ce qui est gloire la touche, tout ce qui s'en écarte la blesse. Elle raisonne, lit et juge. Croyez-vous qu'elle était flattée du rôle que l'on faisait jouer à la France ? Qui n'a pas entendu les soldats dire qu'avec les sommes énormes employées à construire tant de grands et de petits séminaires on servirait mieux le trône. Les officiers généraux, le général Lamarque, dans un excellent ouvrage, s'indignaient en voyant les vices de notre organisetion, notre petit nombre et les forces énormes qui nous environnaient.

On se disait, avec douleur, que nous ressem-

blions àux Grecs du Bas-Empire, qui anathéma-
tissaient les Iconoclastes et les Ariens, pendant
que les barbares livraient au fer et au feu les
murs de Bysance ensanglan ée.

Au 6e. cuirassiers, j'en appelle à vous, mes
vieux camarades, Perrier, Maire, Pany, De-
mange, Roger de Belloquai, Sers et tant d'autres ; au 2e. de la garde royale, Dittmer, Santo-
Domingo, His de Lasalle, Montalemberg, Rigo,
Bechelet, et encore une foule d'autres, quels
tristes entretiens n'avions - nous pas, quelles
frayeurs, lorsque nous disions en pâlissant qu'on
pourrait nous faire marcher contre le peuple :
beaucoup d'officiers avaient fui, en quittant les
rangs, ces épouvantables devoirs, et beaucoup
de leurs camarades enviaient l'aisance qui leur
aurait permis de prendre ce parti.

Ajoutez à cela les influences religieuses, qui
étaient si odieuses, et l'esprit de la masse de
l'armée sera reconnu évidemment contraire. On
m'opposera des dénégations comme dans tout le
reste ; mais, je le demanderai formellement, n'a-
t-on pas vu plusieurs régimens aller au Jubilé par
ordre ? Ne faisait-on pas faire maigre dans certains régimens ? Les escadrons et les bataillons
n'allaient-ils pas, en enrageant, gagner volon-
tairement les indulgences ?

Anathème ! s'écrient les bons frères. Non, la
religion n'est pas étrangère aux héros !

Anathème ici n'est qu'un mot, et nous opposons des vérités. Tous ces guerriers, qui ont vu pendant tant d'années la victoire captive dans nos rangs, étaient de fort vaillans hommes; je ne puis souhaiter à la France et à ce roi des Français, que nous aimons, que nos bras défendraient si on l'osait attaquer, une plus redoutable armée; mais, il faut bien le dire, ces officiers étaient fort peu méritans comme de bons catholiques. Ceux d'entre eux qui servent encore, ceux qui sont leurs camarades et à qui la guerre seule a manqué pour faire aussi de nobles actions, sont encore fort peu méritans comme de bons catholiques. C'est un malheur, ce n'en est pas moins une vérité; il est impossible d'y rien changer, et alors les exigences religieuses, sans convertir personne, pouvaient faire perdre beaucoup au prince et à l'état. Cet ordre de choses n'est pas nouveau. A toutes les époques on a vu de braves soldats fort indifférens en matière de religion; seulement, autrefois, la tolérance des ecclésiastiques était toujours proportionnée à l'importance des services que l'on attendait des guerriers qui en jouissaient. Je sais que, pour me contredire, on m'objectera l'exemple de ceux qui, de même que saint Louis et Bayard, ne craignent pas de se prosterner devant Dieu, pour se relever plus fiers devant les hommes.

De bonne foi, pourquoi faut-il que les officiers, très-dévots de nos jours, soient jugés peu favorablement par cette respectable conscience des régimens. Elle les accuse d'ambition en matière pareille ; certes il était permis d'être dévot, mais il fallait être meilleur. Tout un régiment connaît un capitaine qui fastueusement envoyait, les jours de jeûne, son domestique acheter deux sous de pain. Par malheur son escadron , de tous les soldats , était redouté comme l'enfer. Ce manque de zèle était pour le parti une cause de défaveur et de *proscription ?*

En campagne , la mort des camarades et des chefs , les actions de courage , motivent les avancemens ; en temps de paix l'ancienneté , et aussi une capacité reconnue : et cependant une foule d'officiers pleins de bravoure et de talens , savaient qu'ils devaient mourir capitaines , et ils voyaient sans cesse une foule d'officiers moins anciens , passer rapidement officiers supérieurs , pour s'engloutir dans le vaste tableau des colonels, qui s'engloutissaient bientôt dans l'immense mer des officiers généraux. Les fonds du budjet , loin d'alimenter et de créer des régimens , devenaient le patrimoine d'un immense état-major.

Qui niera qu'un nombre limité et connu d'officiers parvint à être en possession de se disputer et d'obtenir l'avantage de remplir tous les emplois, d'arracher toutes les faveurs. *Les ordonnances et les lois sont pour les sots :* cette parole a retenti long-temps dans l'armée mécontente et non découragée. Cela est si vrai, que les officiers se classaient en exploitans et exploités, que, réduits au silence, les uns écoutaient les autres qui, destinés à suivre une brillante carrière, parlaient hautement de leurs espérances devant ceux qui, n'en ayant aucune malgré leurs services, s'abandonnaient à de pénibles réflexions. Ils se disaient avec amertume, que leurs colonels futurs étaient encore aux pages; et cette idée repoussait de l'armée une foule d'officiers qui avaient perdu l'espoir de parvenir. Niera-t-on que les officiers assez vils pour devenir de saints congréganistes, assez effrontés pour aller se faire distinguer à la chapelle du Château, n'obtinssent toutes sortes de préférences?

L'armée, aujourd'hui, à l'abri de ces hommes-nés et de cette inquisition, partage la joie de la nation; elle verserait son sang pour son roi et pour la patrie.

Un gouvernement peut améliorer un système d'organisation politique, mais aucun gouvernement, chez un peuple éclairé ne peut, avec des théories, arriver à l'application des lois qu'il désire, aux conséquences qu'il souhaite. Des idées qui étaient devenues la foi chérie des hommes éclairés de la France, ne pouvaient s'éteindre devant ces nouveaux Brennus, qui jetaient dans la balance, non pas un glaive gaulois, mais un bonnet de jésuite avec les infamies de leurs révolutionnaires journaux , les mandemens hérétiques des prélats infidèles qui leur étaient dévoués. Puisque la majorité fait les lois, comment pourrait-on douter de l'avenir sous un roi partisan zélé des amélioratonns , au premier rang parmi les plus éclairés de nos grands citoyens, ancien général qui guidait nos rangs intrépides, citoyen vertueux qui dirigera les efforts d'une chambre régénératrice, composée de ces 221 dont le nom vivra immortel , consacré par la patrie reconnaissante. Mais cette patrie, elle ne veut pas compromettre les biens qu'elle a conquis ; et quel sombre avenir nous resterait-il si chacun pouvait élever sa bannière ? si celle que nous défendions hier ne convenait plus aujourd'hui. Derrière le roi des Français, il n'y aurait plus de France, il n'y aurait plus qu'un abîme ? Peut - être le nom de Philippe Ier. a épargné bien du sang à l'Europe ; mais, s'il fallait en répandre, le salut de nos femmes, de nos enfans, de notre roi, est dans notre courage , et il est assuré ; nos vingt-cinq ans de victoire et les événemens de Paris ont rendu l'héroïsme populaire. Alors, hommes violens de parti, vos fureurs seront légitimes, mais en France elles seraient parricides ; nous les étoufferons , la France veut de l'ordre , elle veut que la phalange glorieuse de ses fils marche réunie entourant de ses armes, ombrageant de ses drapeaux son roi, ces jeunes princes qui foulent avec orgueil , qui bénis-

sent au lieu de le maudire, comme faisaient hier
des rois bannis, ce sol abri fertile, fécond, cou-
vert de soldats armés. Au lieu de les proscrire,
nous voulons ramener au bercail des brebis éga-
rées; au lieu de faire passer par les armes les
vaincus, nous voulons leur faire crier vive le roi
des Français! vive la liberté clémente !

Que tous, plein d'espérance, la suivent; je
le répète, la régénération du 29 juillet est clémente, magnanime, il faut que son principe
saint soit maintenu : la révolution de 92 a été
tout noyé dans le sang, notre révolution doit
tout réparer; elle répand des flots de lumière,
on ne les éteindra pas ! Vous qui vous dites les
premiers défenseurs des principes et des vérités, prouvez-le! La plus belle des vérités morales, c'est de savoir pardonner; le plus sage des
principes des gouvernemens, c'est de savoir édi-
fier, construire, rallier. Qui me contestera que
du jour où tous les Français n'auront qu'une opinion, qu'une volonté, la France s'élancera, plus
rajeunie, plus invincible, dans les routes nouvelles où l'attendent tant de richesses, de prospé-
rités et de gloire.

Les amis éclairés du peuple ont senti la grandeur du danger, et, toutes vicieuses que sont cer-
taines lois, ils ont obéi sans réclamation, et en
effet on devait obéir; qui plus que les amis du
peuple étaient intéressés à prêter un appui tuté-

laire au ministère et au gouvernement. Quoi ! dans la situation actuelle de l'Europe, les libéraux voudroient mettre des entraves, créer des obstacles ; non, tant d'impéritie est impossible ! Le parti qui a combattu pour la cause immortelle, cédera plus encore à ces décisives raisons. Espérons que toute la nation du 29 juillet appuiera un gouvernement qui est le sien. Qu'elle étouffe les voix de cette poignée d'hommes exaspérés, qui, la menace à la bouche, demanderaient vengeance, qui parmi des Français ne voudraient voir que des ennemis. Charles X est tombé pour n'avoir jamais cessé de classer la nation en dévoués et en conspirateurs..... Poignée d'agitateurs, vous avez combattu moins que tout ce peuple sublime, qui se procure sa nourriture aux prix de ses sueurs.... Vous le combattriez, si, comme vous, *il voulait être maître*. La France a vaincu pour établir le gouvernement de la majorité, la minorité doit subir la loi, et elle la subira.... Le malaise est-il si grand ! Comparez le temps présent à celui qui vient de s'écouler ; amis de la liberté, voyez tant de lois tutélaires qui vont combler vos espérances, et voyez si nous devons nous plaindre ?

Hâtons-nous d'assurer qu'il existe une nation, un gouvernement, un roi. Tout un peuple qui le chérit lui a confié, libre et fier, le drapeau de la liberté. Les hommes patriotes veulent qu'elle soit brisée, flétrie, cette bannière où on peut

lire : « Guerre aux places ! vive nous ! rien que
» nous ! ! » Non ce n'est pas pour des hommes si
loin de la majorité, que la France aurait vaincu le
despostime le 28 juillet. Parce qu'un prince populaire est monté sur le trône, vous croyez que la
nation a changé de doctrine. Non, mille fois non !

Et pourquoi tant d'impatience et de fureur?
N'y a - t - il pas partout des gages de sûreté?
Le peuple ne veut-il pas la liberté? Qui oserait
la lui ravir? Qui le voudrait? Qui le souffrirait?
On s'indigne de tant d'erreur et de mauvaise foi.
Il est facile de tout nier jusqu'à la preuve, en
matière politique il ne faut pas l'attendre... L'im-
prudence s'applaudit, et brave jusqu'à l'heure
fatale où elle est punie de ses folies et de ses
erreurs.

Charles X avait juré la Charte une dizaine
de fois; le parti - prêtre et d'infâmes ministres en
concluaient qu'ils pouvaient traîner à l'échafaud
des victimes innocentes..... le bourreau seul eût
recueilli les derniers soupirs des victimes ! Ney,
Chartan, Labédoyère, Mouton-Duverney, tant
d'autres, qui êtes tombés sous le fer, sous le plomb,
non pas pris les armes à la main ; mais quand
votre trépas n'était qu'une vengeance inutile,
(si le parti qui vous a fait périr l'avait pu) vos
noms auraient été suivis de bien d'autres noms
qui étaient marqués de rouge pour les hécatombes
des cours prévôtales : toi, Lafayette, si grand

aux grands jours de Paris; vous, nobles défenseurs de la liberté, Benjamin Constant, Viennet, notre député, au cœur pur, à la voix éloquente, Viennet que seul l'absolutisme n'avait pu repousser dans mon département, et Lamarque, Gérard et Tracy, et vous tous courageux 221, et vous tous qui aviez eu l'audace de mal voter et de paraître au club électoral. En vain ces traîtres prétendaient écraser une nation qu'ils croyaient avoir flétrie : ce peuple savait par cœur que l'homme libre, dans la création, n'appartient à l'homme que réduit à la plus abjecte dégradation. Espérons qu'il appartient à l'immense régulateur, après avoir passé par les angoisses de la mort. Corrupteurs! quoi ce peuple mitraillé plusieurs fois par vous, ce peuple privé de sa liberté n'avait pas le droit de la reprendre? Vous qui n'avez eu que le courage de proscrire; vous qui criez à l'usurpation; la légitimité, suivant vos doctrines, est et ne peut être qu'un mot vide de sens; suivant les nôtres, elle a une force immense, inviolable, sacrée, car nous la fondons sur l'intérêt des peuples; quand cet intérêt était foulé aux pieds, lorsque le contrat était dechiré d'une main sanglante, sacrilége, parjure, il était à jamais rompu, car tous les liens peuvent se rompre. Que restoit-il donc après la chute des oppresseurs parjures? un peuple victorieux, un peuple sublime, grand, maître de ses droits, qu'il avait repris par droit de conquête, et qu'on avait pu lui voler, mais qu'il n'avait jamais pu perdre. Ce peuple a confié le sceptre à un roi - citoyen, qui veut, partie intégrante du peuple, de la nation, marcher avec elle, vivre dans notre sphère, pour mieux juger, pour mieux gouverner, pour ne pas se séparer de cette libre nation à qui lui et les siens, n'ont pas *octroyé la Charte, à qui ils ont octroyé leur amour,* leur reconnaissance et leur affection, en échange des sentimens que leur a voués un peuple fier, maître de ses destinées, joyeux de les leur confier.

Sainte alliance, puisses - tu croître et traverser les âges : les institutions grandes, belles et libres de l'Angleterre, prospèrent depuis long-temps. Nous avons, nous, une plus belle espérance, nous pouvons léguer à nos enfans un plus bel héritage. La puissance anglaise tient à une foule de causes accidentelles ; bien des lois aristocratiques donnent, sur le sol britannique, un démenti aux grandes et sublimes idées qui sont reconnues par les lois anglaises. Notre grandeur, notre force à nous, sont inhérentes au sol ; nos richesses, nos lumières, nos faits héroïques, notre dévouement à la patrie, nos millions de bras sont un gage de paix, de repos, et d'une renommée immense ; si l'étranger osait nous attaquer, nous marcherions à-de nouvelles gloires. Soldat à 17 ans, sous l'empire, en 1813 et 1814, plein d'ardeur pour la défense de mon pays, ami de la liberté, en 1814, dès qu'elle parut, donnée par des princes que je croyais fidèles à leurs sermens, que je préférais cent fois au despotisme impérial, j'ai tracé ces lignes pour défendre une cause sacrée; peut-être ma plume a-t-elle été trop faible en parlant de nos espérances immenses, de mon amour pour cette terre glorieuse, pour un roi qu'ont légitimé nos vœux pour pour la mère-patrie, pour cette famille nationale, et ces jeunes princes nos camarades, nos amis, si brillans d'espérance, j'ai écrit sans peur et sans flatterie : ô mes compatriotes, je vous dédie ces lignes tracées à la hâte; si je puis vous voir unis, ralliés, n'ayant qu'une même opinion, celle de nos intérêts et de notre prospérité, oubliant vos querelles, joyeux sous cet arbre de liberté aux riches rameaux, sous cet ombrage fertile, que la hache meurtrière avait déjà frappé, près d'un trône que les Français doivent regarder comme l'asile de la liberté et de la gloire, ce trône que tous nos glaives défendraient : mon but sera rempli et alors je serai fier, en voyant l'utilité de mon entreprise, de n'avoir pas reculé devant mon insuffisance et ses difficultés.